49630134R00061

Made in the USA
Lexington, KY
23 August 2019